北 京 胡 同
BEIJING HUTONG

赵 敦 著

中国文史出版社

图书在版编目（CIP）数据

北京胡同 / 赵敦著. -- 北京：中国文史出版社，
2024.1

（视觉档案）

ISBN 978-7-5205-4246-3

Ⅰ. ①北… Ⅱ. ①赵… Ⅲ. ①胡同–北京–摄影集
Ⅳ. ①K921-64

中国国家版本馆 CIP 数据核字（2023）第 159708 号

责任编辑：卢祥秋

出版发行：**中国文史出版社**

社　　址：北京市海淀区西八里庄路 69 号院　　邮编：100142

电　　话：010-81136606　81136602　81136603（发行部）

传　　真：010-81136655

印　　装：北京新华印刷有限公司

经　　销：全国新华书店

开　　本：720×1020　1/16

印　　张：22　　　　字数：208 千字

版　　次：2024 年 1 月第 1 版

印　　次：2024 年 1 月第 1 次印刷

定　　价：128.00 元

献给所有热爱传统文化和关注文化遗产的人们

作者简介

赵敦　1980 年生于北京。毕业于北京电影学院，艺术学学士，师从视觉档案运行体系国际学术创始人倪学麟先生。

主要作品

《视觉档案古都卷之北京》
《视觉·长城档案》
《视觉档案·历史文化名城北京之胡同》
《视觉档案·历史文化名城北京之紫禁城》
《中国戏场建筑》

前　言

　　文化（culture）是人类在创造并发展文明的过程中所产生或累积的与自身生活相关的经验或现象，通过提取思想与行为的精华达到对完美的追求。站在考古学和建筑学的角度，某一地域、某一历史时期的遗迹或遗存（或叫文化遗产），则是某一种文化在信仰、传统、思维与普遍意义方面的综合体现。

　　《保护世界文化和自然遗产公约》关于人类建筑文化遗产所提出的标准，指明了人类传统的居住地和使用地的构造物的规划与设计，代表了一种文化的存在、传承价值和杰出范例。它能为人类的文明或文化传统提供一种独特的见证。

　　北京胡同恰恰是这一见证的标本，本书作者通过系统采集，客观记录北京胡同的现状，运用类型学建立分类。在这里，摄影是一种行为过程而不是结果。它既是此地此刻性的客观化记录，又是符合生命与自然运动规律的秩序化呈现。引导人们用一种同等价值的视觉习惯和心理去看待自己身边司空见惯却又视而不见的事物，从而赋予人们某种思考和意义。

　　《北京胡同》正是对这一概念的设计与整合，是传承和宣扬民族传统文化的形象语言和载体，是一部饱含了民族精神和文化传承的作品。作品充分体现视与觉的过程。于是乎影像成为一种载体，成为一种创造，带来的是探究与思索。

　　　　　　　　　　　　　　　　　　　　　　　　　倪学麟

目　　录

胡同目录

注：P242—303 未标注胡同名称。
封面上为前抄手胡同；扉页上为轿子胡同；封底上的胡同为西四北八条。

自　序

大概三十年前，从我生活的北京郊区来北京城，也就是现在的二环以里，需要经过连绵的大山、无际的原野。那个时候还没有这么多高楼，从昌平南口到沙河是一段水泥搓板路，长途车"咣咣咣"地行驶在上面，全车都跟着颤抖。直到过了清河，这个时候，路两侧的建筑物逐渐变多，路面也不再颠簸。过了马甸桥进入德内关厢，马路变得很窄，两侧全是商铺，人和车子混在一起，前行得很慢。再过大概两站地的距离，公交车的正前方出现一个巨大的黑沉沉的影子，看到这个影子就知道终点站到了。这个巨大的影子就是德胜门箭楼。

箭楼南侧有两条路，一条直的是德内大街，另一条斜的是鼓楼西大街。路两侧全是高矮不同的门楼和通往深处的胡同。建筑的颜色和现在我们看到的差不多，灰色的砖瓦掩映在高大的绿树下，偶尔有一两抹朱红，显得格外古旧肃穆。现在的门楼和院墙大部分都做了修缮，有的还贴了仿古面砖，从远处看整洁划一。

每次来北京市里，都想把胡同认认真真地走走，直到 2014 年与我的老师倪学麟先生结缘，在他的指导和鼓励下开始拍摄北京胡同。从 2015 年开始到 2023 年九年的时间里，我前前后后走了六百多条胡同，拍摄了五千多张照片，最终才有了这本书的结集出版。

正如汪曾祺在《胡同文化》中描述的那样，北京城是一个四方四正的城，街道都是正东正西、正南正北。沟通这些正东正西、正南正北的便是胡同。街道和胡同把北京这块大豆腐，切成了很小的豆腐块。北京人就在这些一小块一小块的豆腐里活着……

段柄仁先生主编的《北京胡同志》一书对胡同的名称来源做了阐述，胡同原写为"衚衕"，是城市中一种狭长的通道，由两侧排开的四合院的墙体和门楼连成的两线建筑物构成。胡同与坐落在胡同里的四合院，成为老北京的城市肌理和基本细胞。元杂剧中出现了"胡同"，明代《宛署杂记》中称胡同本是元人语。胡同还称"街巷通"。明以后胡同作为北京街巷的主要称谓，进而成为北京街巷的代名词。"胡同"一词源于蒙古语"水井"的发音。

古老的北京胡同最早追溯到公元 1267 年建设元大都城，八百年来历经沧桑巨变，胡同依然被人们热爱和居住着，传统的传承有序而弥新。

本书整体设计依据视觉档案运行体系的基本原理，运用视觉设计的现代艺术理念，将分类采集的影像做整合，以展开式的视觉形式构成时空性的现象并存，以期产生由读图而引发的某种心理联想与体会；在现象与观看互为关系并阐发延展思维这个理念的支撑下，借助于即物摄影、类型摄影和观念摄影的拍摄理念，将历史研究、文化遗产整理、社会架构等学科加以整合编制。

全书关注现存的某种现象及现象变化，透过现象见证历史过程、文化类型、社会形态等诸多方面的缘起、演变和发展。作品正是依据这一原理而产生。

北京胡同是北京城历史文化的见证，是一种设计理念，是一种生活形态，是民族传统的保留与继承。它更是一种记忆、一段情愫、一种沉思、一种感悟与希冀。一段墙、一个转角、一片瓦，都是胡同的呢喃细语。现代的胡同是开放与包容的，是与现代生活互生互长的。

二〇二三年六月

北京是在全盘的处理上才完整地表现出伟大的中华民族建筑的传统手法和在都市计划方面的智慧与气魄。这整个的体形环境增强了我们对于伟大的祖先的景仰，对于中华民族文化的骄傲，对于祖国的热爱。北京对我们证明了我们的民族在适应自然、控制自然、改变自然的实践中有着多么光辉的成就。这样一个城市是一个举世无匹的杰作。

　　　　　　　　　林徽因 《北京——都市计划的无比杰作》

至元四年（公元 1267 年）二月乙丑，（大都城）始于燕京东北隅，辨方位，设邦建都，以为天下本。四月甲子，筑内皇城。

〔元〕熊梦祥《析津志》

（至元）四年，始于中都之东北置今城（大都成）而迁都焉。

《元史·地理志》

清·乾隆《京师全图》局部

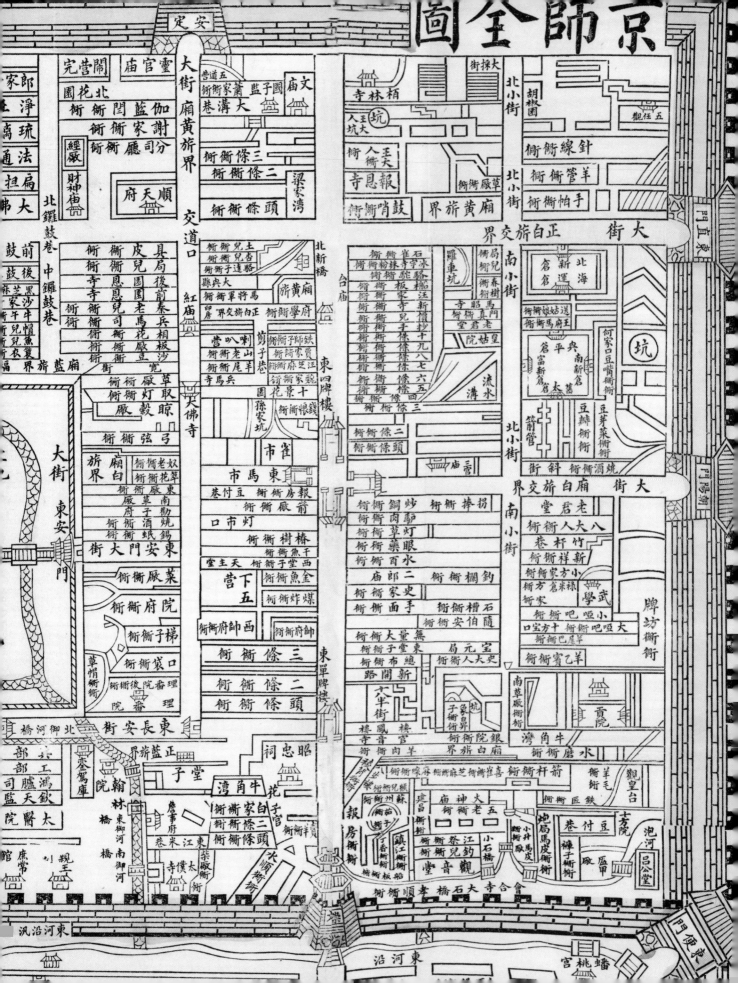

北京胡同——历史文化的见证，民族传统的保留和继承。
它是一种设计理念，是一类人居环境。

西四北三条

西四北二条

西四北二条

西四北七条

西
四
北
七
条

宝产胡同

西四北三条

北极阁三条

宫门口五条

西四北三条
西四北头条
小绒线胡同
白米仓胡同
景阳胡同

胡同形制

　　街制，自南以至于北，谓之经；自东至西，谓之纬。大街二十四步阔，小街十二步阔。三百八十四火巷，二十九衖通。（火巷、衖通即胡同）

〔元〕熊梦祥《析津志》

　　诏旧城居民之迁京城（大都城）者，以资高及居职者为先。乃定制，以地八亩为一分，其或地过八亩及力不能作室者，皆不得冒据，听民作室。

《元史·世祖本纪》

西四北四条

西四北头条

苏萝卜胡同

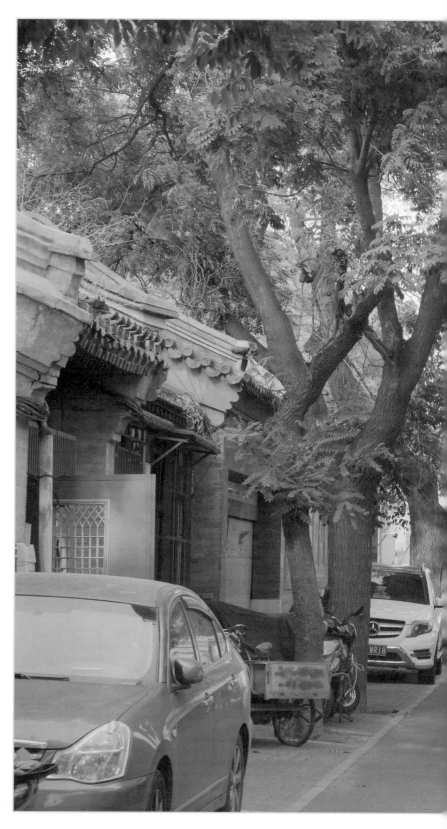

西四北四条

后帽胡同

宫门口头条

东堂子胡同

白塔寺东夹道

轿子胡同

景阳胡同

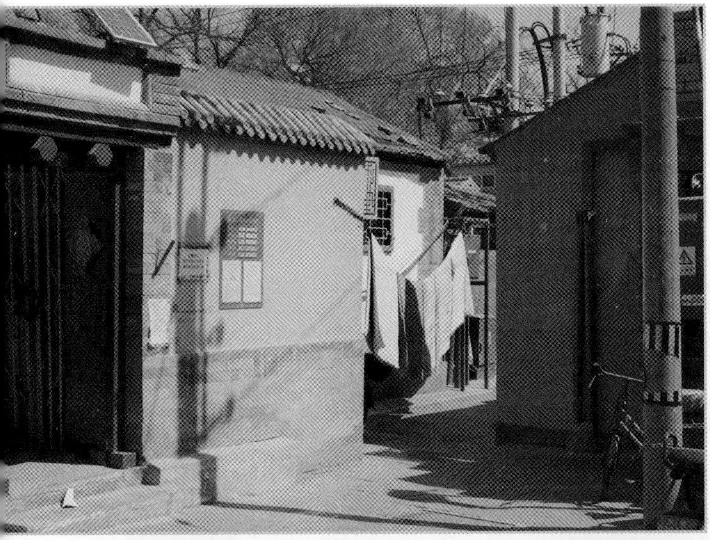
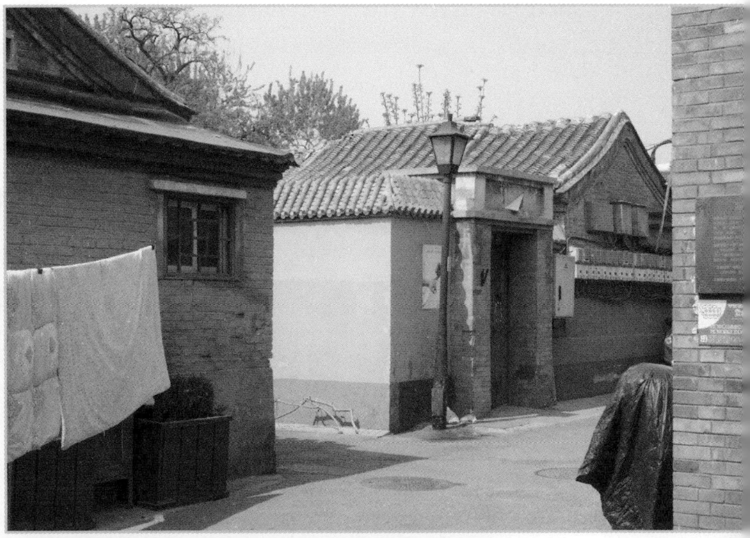
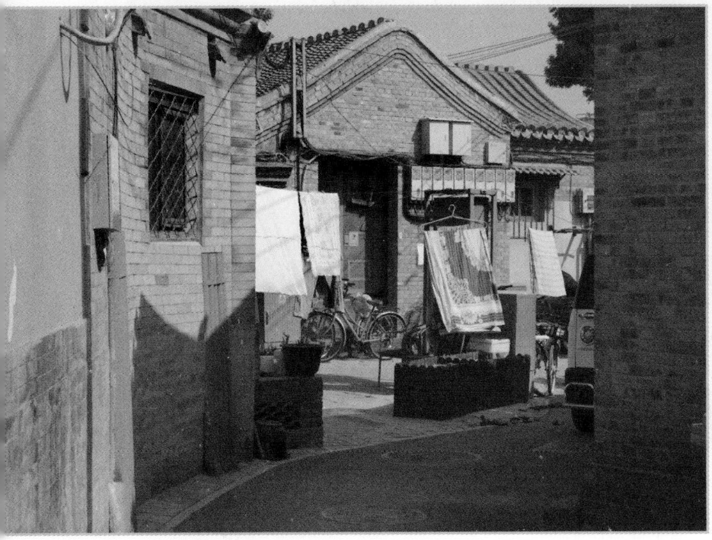
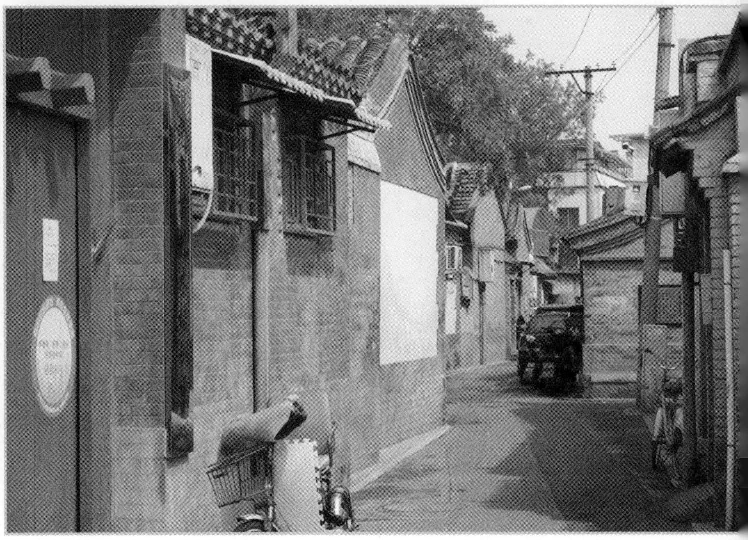

◤南月牙胡同

◣连丰胡同

南下洼子胡同◥

北帽胡同◢

城中街道系统，以各城门为干道中轴，故北平各大街莫不广阔平直，长亘故里。其内城干道以南北向者为多，而小巷或胡同则多东西向；至于外城则干道在城中相交作十字形，北半小巷以东西向者为多，而南半小巷则多南北向焉。城中街道相交处或重要地点往往以牌坊门楼之属为饰……

梁思成《中国建筑史》

小绒线胡同

中帽胡同

六合胡同

小菊胡同

慈慧胡同

豆角胡同

乐春坊

连丰胡同

孝友胡同

官书房胡同

辛安里胡同

48

慈慧胡同

碾子胡同

小厂胡同

连丰胡同

东北园胡同

三井胡同

碾子胡同

东吉祥胡同

南下洼子胡同

豆角胡同

钱粮南巷

北月牙胡同

白塔寺东夹道

辛安里胡同

豆角胡同

小厂胡同

东板桥西巷

东廊下胡同

后局大院胡同

豆角胡同   豆角胡同

什锦花园胡同   轿子胡同

达教胡同

北新五巷

后公用胡同

佘家胡同

轿子胡同

流水巷

后帽胡同

佘家胡同

金丝胡同

金丝胡同

景阳胡同

北月牙胡同

辛安里胡同

大经厂西巷

东四五条

中帽胡同   西四北六条

最早见诸于文字的"胡同"：

元代关汉卿杂剧剧本《单刀会》中，有"杀出一条血胡同来"；

元代李好古杂剧剧本《沙门岛张生煮海》中，有"你去兀那羊市角头砖塔胡同总铺门前来寻我"。

汾州胡同

庆丰胡同

庆丰胡同

东四十一条

东四十一条

干面胡同

干面胡同

西总布胡同

西总布胡同

西总布胡同

西总布胡同

姚家胡同

姚家胡同

西四北二条

西四北二条

新开路胡同

新开路胡同

西四北头条

庆丰胡同

东四十一条

东四十一条

庆丰胡同

苏萝卜胡同

西四北二条

西仓门胡同

宫门口东岔

罗车胡同

东四十二条

东四十二条

西四北二条

西四北四条

东四六条

东四六条

东四四条

东四四条

本司胡同

新太仓二巷

东四六条

东四五条

灯草胡同

灯草胡同

史家胡同

西四北七条

演乐胡同

本司胡同

本司胡同

本司胡同

内务部街

西总布胡同

前炒面胡同

本司胡同

演乐胡同

东堂子胡同

前公用胡同

前公用胡同

新太仓一巷

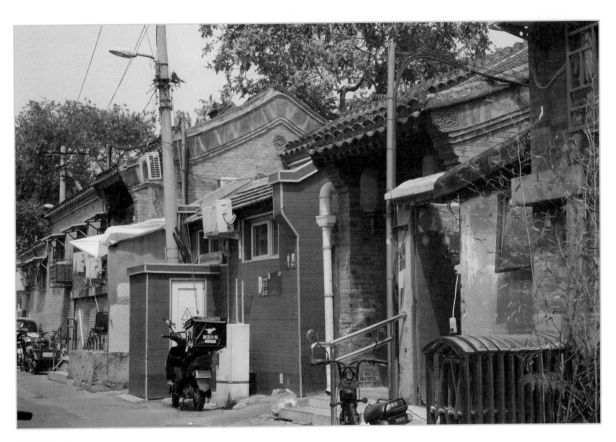

大帽胡同

东四四条

西四北七条

东四九条

西四北七条

西四北二条

干面胡同

西四北六条

东四四条

西四北二条

西四北二条

史家胡同

史家胡同

西总布胡同

西总布胡同

东四六条

本司胡同

东四三条

西四北三条

东四四条

东四四条

西四北三条

西四北三条

东四四条

东四三条

东四十一条

东四十一条

西四北七条

西四北头条

小绒线胡同

石雀胡同

东四八条

东四十二条

演乐胡同

东四八条

炒豆胡同

西四北四条

前圆恩寺胡同

西四北六条

炒豆胡同

北新桥头条

炒豆胡同

炒豆胡同

德内大街

德内大街

甘露胡同

鸦儿胡同

景阳胡同

东北园胡同

大耳胡同

佘家胡同

前鼓楼苑胡同

汪芝麻胡同

前圆恩寺胡同

黑芝麻胡同

协作胡同

东旺胡同

西杨威胡同

东四十三条

北官房胡同

魏家胡同

帽儿胡同

西四北三条

山老胡同

中帽胡同

板桥胡同

石雀胡同

国初著令。

凡官民、服色、冠带、房舍、鞍马、贵贱各有等第。上可以兼下。下不可以僭上。

凡房屋。……公侯、前厅七间、或五间、两厦九架造。后堂七间七架。门屋三间五架。门用金漆、及兽面摆锡环。

一品二品、厅堂五间九架。屋脊许用瓦兽。梁栋斗拱檐桷、用青碧绘饰。门屋三间五架。门用绿油、及兽面摆锡环。

三品至五品、庙堂五间七架。屋脊用瓦兽。梁栋檐桷、用青碧绘饰。正门三间三架。门用黑油、摆锡环。

六品至九品、厅堂三间七架。梁栋止用土黄刷饰。正门一间三架。黑门、铁环。

庶民所居房舍、不过三间五架。不许用斗拱、及彩色妆饰。

《大明会典》

170

屋顶特征局部（硬山卷棚）

连续硬山卷棚屋顶

近代门楼局部

近代门楼局部

石雀胡同

东四十三条

东四六条

胡同人家

它是一种生活形态。
传统的改变与继承。

　　京师屋制之美备甲于四方，以研究数百年，
因地因时，皆有格局也。户必南向，廊必深，
院必广，正屋必有后窗，故深严而轩朗。大家
入门即不露行，以廊多于屋也……
　　中下之户曰四合房、三合房。贫穷编户有
所谓杂院者，一院之中，家占一室，萃而群
居……

〔清〕夏仁虎《旧京琐记》

西四北七条

182

交道口北头条

培英胡同

东四八条

西四北七条

东旺胡同

排子胡同

桃条胡同

炒豆胡同

大觉胡同

西四北八条

大觉胡同

演乐胡同

佘家胡同

鸦儿胡同

佘家胡同

燕家胡同

板厂胡同

公益巷

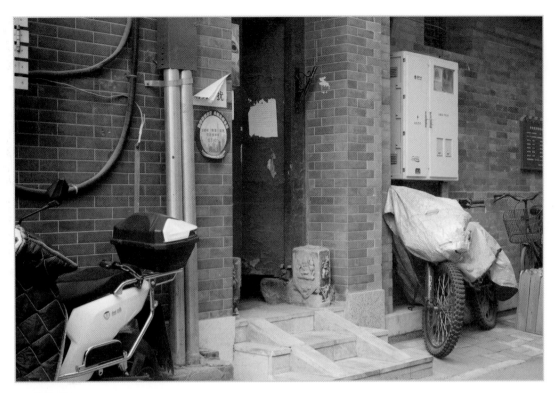

大外廊营胡同

炭儿胡同

大耳胡同

三眼井胡同

西四北二条

豆腐池胡同

炒豆胡同

本司胡同

培英胡同

钱粮南巷

九道湾南巷

东四六条

东四四条

东四八条

礼士胡同

庆丰胡同

东四四条

东四十三条

西石槽胡同

大觉胡同

大觉胡同

西四北八条

西四北三条

本司胡同

什锦花园胡同

前炒面胡同

交道口北三条

东北园北巷

大外廊营胡同

交道口北二条

培英胡同

培英胡同

秦老胡同

新太仓胡同

百顺胡同

新太仓胡同

西四北二条

景阳胡同

礼士胡同

庆丰胡同

东四十二条

庆丰胡同

碾子胡同

东四十三条

西四北七条

豆腐池胡同

东四十三条

门楼胡同

西四北三条

灯草胡同

东四三条

育群胡同

石头胡同

佘家胡同

陕西巷

演乐胡同

灯草胡同

西四北七条

白米仓胡同

钱粮胡同

西四北三条

演乐胡同

顺治十八年题准，公侯以下三品官以上房屋台阶高二尺，四品以下至士庶房屋台阶高一尺。

《大清会典事例》

交道口北三条

东四七条

东四十二条

炭儿胡同

刘家胡同

钱粮胡同

西四北四条

西海东沿

千面胡同

演乐胡同

前门西河沿

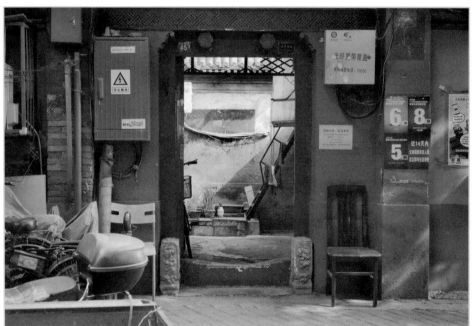

249

253

281

293

294

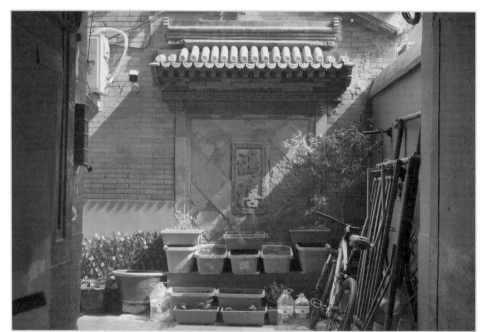

谢家胡同

黑芝麻胡同

北锣鼓巷

东棉花胡同

交道口北二条

朱茅胡同

西四北二条

大耳胡同

西四北头条

东四十一条

前圆恩寺胡同

北兵马司胡同

石头胡同

大耳胡同

耀武胡同

三井胡同

灵光胡同

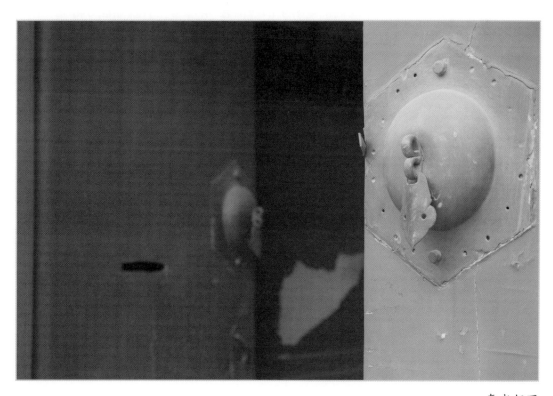

秦老胡同

明张爵《京师五城坊巷胡同集》记载街道 1170 条，其中胡同 459 条。

清朱一新《京师坊巷志稿》记载街巷 2077 条，其中胡同 978 条。

1931 年 陈宗蕃《燕都丛考》记载街巷 2623 条，直称胡同 959 条。

1986 年 燕山出版社《实用北京街巷指南》记载四个城区有胡同 3665 条。

吉安所右巷

胡同与时相偶

传承与发展，开放与包容。

与时代俱进。

　　大街西边市房后有里街，曰珠宝市，曰粮食店，南至猪市口。又西半里许有里街，曰煤市桥，曰煤市街，南至西猪市口。其横胡同曰西河沿，曰大栅栏，曰大齐家胡同，曰小齐家胡同，曰王皮胡同，曰蔡家胡同，曰施家胡同，曰掌扇胡同，曰云居寺胡同，曰湿井胡同，曰干井胡同。在煤市桥者，东曰廊坊头条胡同、二条胡同、三条胡同，西曰火扇胡同，曰笤帚胡同，曰炭儿胡同，曰杨梅竹斜街。在煤市街者西曰李纱帽胡同，曰柏兴胡同，曰小马神庙，曰大马神庙。其东即集之所，较东城则繁华矣。

〔清〕吴长元《宸垣识略》

西河沿街

西河沿

西河沿

西河沿

西河沿

西河沿

西河沿

铁树斜街

铁树斜街

烟袋斜街

　　北平在人为之中显出自然，几乎是什么地方既不挤得慌，又不太僻静：最小的胡同里的房子也有院子与树；最空旷的地方也离买卖街与住宅区不远……北平的好处不在处处设备得完全，而在它处处有空儿，可以使人自由地喘气；不在有好些美丽的建筑，而在建筑的四围都有空闲的地方，使它们成为美景。每一个城楼，每一个牌楼，都可以从老远就看见。况且在街上还可以看见北山与西山呢！

　　　　　　　　　　　　　　老舍《想北平》

杨梅竹斜街

杨梅竹斜街位于煤市街西侧，东起煤市街，西至琉璃厂东口，全长498米，宽约3.4—8米。明《京师五城坊巷胡同集》载有"杨梅竹斜街"。清《光绪顺天府志》亦称"杨梅竹斜街"。此街最为突出的是民国时期出版业众多书局的集中地，较著名的有世界书局、正中书局以及开明、广益、大东、大众、中华、环球等八家书局。

杨梅竹斜街

杨梅竹斜街

杨梅竹斜街

杨梅竹斜街

杨梅竹斜街

五道营胡同

　　五道营胡同位于安定门内大街东侧，呈东西走向。东起雍和宫大街，西止安定门内大街，
全长 632 米。五道营胡同，明代属崇教坊，称武德卫营。据传此地为明代守城的兵营驻地，故名。
清代属镶黄旗，称五道营。民国后沿称至今。

五道营胡同

五道营胡同

五道营胡同

五道营胡同

五道营胡同

五道营胡同

五道营胡同

后 记

  《北京胡同》的创作分为三个阶段。第一个阶段是 2015 年到 2016 年，拍摄重点是体现北京城历史街区的变迁——北京商业中心由元代的积水潭、烟袋斜街、鼓楼一线向明清前门一带转变的过程。第二个阶段是 2017 年，拍摄了胡同与主干道之间的关系，进行了调研式的拍摄，突出了胡同中的典型建筑。第三个阶段是从 2021 年至今，对北京城胡同进行了系统性的、调研式的、概念式的大范围拍摄。

  我从以上三个阶段拍摄的六百多条胡同共五千多张照片里，精心筛选了二百条胡同六百三十余张照片，结集成册，终成本书。鉴于篇幅和照片的类型、特色，目前只能收录这些，希望有机会再把全部的作品呈现出来。

  作为一部表现北京胡同的摄影集，本书尽可能呈现胡同类型的多样性，以此产生对比和比较。基于此，在排版上采用了并列式的设计方法，以强化胡同形象。同时，尽可能还原最原始的胡同形态，使读者能够透过影像产生联想和思考。

  我从 2015 年到现在一直围绕"胡同"这一主题进行创作。内容包括我国南北方主要城市胡同的变迁、现状、历史遗迹遗存，以及生活在胡同的人们的生活形态等。目前已完成北京、西安、洛阳、开封等城市的胡同拍摄。

  在拍摄北京胡同的过程中，生活在胡同里的人们给我留下了极其深刻的印象。他们风趣幽默，话语言谈中对能够生活在胡同里感到无比自豪。当我流连在胡同里，大爷大妈们常招呼我到他们的院子里看看，看看他们的"家珍"，比如一堵墙上的精美砖雕、带花纹装饰的一段石台阶、屋檐下华丽的墀头、门洞里朴拙的门墩。他们一边介绍，一边催促我赶紧拍下来，还满脸骄傲地说道："这可是不多见的老物件啊！"留在我镜头中的"家珍"，无疑是中华传统文化的一种传承，是我们伟大民族文化的一部分。这也是我成书的本意，希望影像能见证这个时代下我们普通生活中的历史遗存。

  最后，感谢我的老师倪学麟先生对我无私的教授与指导，以及支持我完成拍摄的家人和朋友们。摄影作为一个载体，我想它能承载并传递给人们的信息无疑是丰富的。希望读者能够通过本书，对北京胡同有一个直观的了解和认识，希望读到这本书的朋友们能提出宝贵意见。我想出版这本书的目的就达到了。

赵 敦

二〇二三年六月